AF610719

Allocution

PRONONCÉE

A L'OCCASION DU MARIAGE

DE

M. MAURICE DUREAULT

LIEUTENANT AU 14E DRAGONS

ET DE

MLLE LOUISE GAYET

PAR

M. L'ABBÉ GUINAND

12 MAI 1885

Allocution

PRONONCÉE

A L'OCCASION DU MARIAGE

DE

M. MAURICE DUREAULT

LIEUTENANT AU 14E DRAGONS

ET DE

Mlle LOUISE GAYET

PAR

M. L'ABBÉ GUINAND

12 MAI 1885

Allocution

DE

M. L'ABBÉ GUINAND

MONSIEUR, MADEMOISELLE,

On dit que, dans les temps où nous sommes arrivés, les hommes ont laissé périr bien des choses ; qu'ils ont perdu pas mal de vérités, beaucoup de vertus, énormément de qualités. Heureusement ils n'ont pas perdu l'habitude d'aimer. Ils veulent toujours jouir de cette puissance d'affection que Dieu a mise dans leur cœur. Ils sentent que toute la joie que nous avons en ce monde dépend de l'objet auquel nous unissons notre âme. Nous ne pouvons pas vivre seuls. Notre cœur demande à s'attacher à des êtres qui nous aiment, à se donner à quelqu'un qui nous ressemble, à partager avec lui la vie, à mettre en commun le bonheur.

C'est ce grand sentiment, qui porte un beau nom, l'amour, qui vous a amené au pied de cet autel. Vous venez fixer ici vos jours sur la pente où ils couleront désormais. Aujourd'hui vous montez l'un des degrés de la vie, vous faites ce grand pas qui ne se franchit jamais sans quelque inquiétude.

Mais il y a tant d'espérances qui vous accompagnent ! Il y a de si beaux rêves qui voltigent autour de vos têtes !

Eh bien ! parmi ces rêves enchantés qui vous environnent, je voudrais en prendre un, le meilleur, celui qui a les plus larges ailes ; je voudrais l'arrêter dans sa course légère, le fixer près de vous, vous l'attacher au cœur, comme cet anneau nuptial va s'attacher à vos doigts, comme ce collier d'or enserre votre cou, comme ce bracelet de diamants enchaîne votre bras. Ce rêve léger qui s'est levé devant vous, qui d'ordinaire s'enfuit et s'envole aussitôt qu'on tend la main pour le saisir, et que je voudrais fixer et changer pour vous en une vivante réalité, c'est le bonheur ; le bonheur, la grande énigme de la vie, après laquelle tous les hommes courent sans jamais s'arrêter.

Or, pour être heureux vous avez pensé à aimer, à être heureux par l'amour, à être heureux par le cœur. Vous avez éprouvé cette vérité que, quand bien même la raison est saine, que la conscience est pure, que l'intelligence est droite, que la fortune est riche, il manque encore quelque chose, quelque chose de suave et d'embaumé, quelque chose de vaillant et de fort, quelque chose de pieux et de divin, qui achève et embellit toutes les autres vertus : il manque encore d'aimer.

Et c'est pourquoi Dieu vous a choisis tous deux pour vous attacher l'un à l'autre. C'est pourquoi il va écrire vos noms ensemble là-haut sur le livre de vie, pour l'éternité ; car ce que Dieu a lié dans le ciel, personne ne peut le délier sur la terre, et, un mariage qui ne serait pas lié dans le ciel, qui ne serait pas inscrit par le doigt même de Dieu dans le livre des vivants, serait un mariage désolé, réprouvé, impie, comme le nomme saint Jérôme : *Matrimonium impium.*

L'Église veut donc reconnaître votre union et la sanctifier par son sacrement. Il faut que Dieu ajoute à vos mutuels accords sa part d'approbation, qu'il joigne à vos tendresses sa tendresse, à vos volontés et à vos consentements sa volonte et sa grâce souveraine. Ces affections humaines que vous vous donnez l'un à l'autre, sincères, loyales, profondes sans doute, ne suffisent pas pour engendrer un éternel amour. C'est une scène si mouvante que le cœur des hommes et tout y court à de perpétuels changements ! L'amour pour être durable, doit s'unir à un élément impérissable et qui ne passe pas. Pour résister aux orages et aux inconstances de la terre, il faut qu'il jette ses ancres dans les cieux et s'attache à l'amour immuable de Jésus-Christ. Alors il ajoutera à vos affections un charme, une confiance, une vérité que seul il peut donner ; il apportera à votre société cet élément de durée, de stabilité qui ne se rencontre pas, hélas ! dans le fond des tendresses humaines qu'à votre âge on croit intarissables.

C'est vous dire qu'au sentiment de l'amour, il faut joindre celui du devoir.

Le sentiment de l'amour a ses jours de faiblesse et de défaillance, ses jours d'épreuves et d'orages, où bien des bonheurs ont sombré. L'âge, les douleurs, les vicissitudes de ce monde en amoindrissent la vivacité, en éteignent les feux. Mais le devoir ne fléchit jamais ; il ne s'amoindrit pas par le temps ; il survit à tous les changements et il veille encore près d'un foyer à demi éteint, où il retient des êtres qui peuvent vivre sans amour, sans bonheur, sans espérance, mais qui ne sauraient vivre sans honneur, sans conscience, sans la pensée de Dieu et sans le sentiment du devoir.

Heureux ceux qui peuvent se placer toujours sous l'empire de ces deux forces incomparables, le devoir et l'amour. Ils ont de quoi remplir de mérites et de joies les plus longues vies humaines ; et peut-être n'y a-t-il que ces deux choses qui soient bien vraies en ce monde, parce que, l'une n'engendre jamais ni déception ni remords, c'est le devoir, et l'autre ouvre à toute profondeur dans les âmes des sources de vie, d'énergie et de bonheur qui jaillissent jusque dans l'éternité.

Je sais, Mademoiselle, qu'une belle éducation vous a initiée à ces hautes pensées. Le bon Dieu vous a donné une âme vive et ferme, discrète et contenue, vertueuse et fidèle. A vous de faire le reste.

C'est une première sagesse à la femme de bien gouverner sa maison et de se plier à toutes les exigences de sa situation, d'aller dans le monde, à l'Église, dans le grenier du pauvre, dans le palais des grands, partout où sa piété et les convenances l'appellent ; mais de regagner d'un pied léger le doux foyer où tout son cœur est resté et où elle retient près d'elle tous les cœurs dont la garde lui est confiée.

Mais pour accomplir sa mission, la femme doit se résigner à faire quelques sacrifices. Elle doit se résigner à déposer en autrui une partie de sa vie : elle doit perdre cet égoïsme, dont, malgré tout, un cœur qui vit seul ne peut jamais s'affranchir :

elle doit effacer sa volonté, ses goûts, ses inclinations, ses préférences, ses intérêts propres. Il faut au moins que la moitié de son âme tombe, pour que l'autre moitié règne en souveraine sur le cœur de l'homme qu'elle a conquis.

Ce qui est frappant dans le pays où nous vivons, c'est le peu de place qu'occupe la foi dans les âmes, la religion dans la famille, l'Évangile de Jésus-Christ dans la société. Voilà une bien grande chose qui s'en va et qui laisse derrière elle de grandes misères et de grandes déchéances.

Vous, Mademoiselle, vous donnerez à ces sentiments nécessaires du chrétien la place qui leur revient à votre foyer. La pensée religieuse, la doctrine, la prière auront là un sûr asile. Vous serez de ces femmes chrétiennes qui se reprennent à aimer l'Évangile et qui empêcheront peut-être la famille et la société moderne de retourner au paganisme, d'où jadis elles ont été tirées.

Pour vous, Monsieur, que je connais moins, je crois savoir que pour fonder la maison nouvelle dont vous allez être le chef, pour rendre heureuse la femme qui va prendre votre nom, vous apportez des qualités solides et précieuses, la foi, l'honneur, l'autorité, la vigilance, la persévérance invincible. Vous avez appris que la vie est chose sérieuse, réelle, qui dépasse le temps, qui défie la mort et qui n'a rien à craindre des folles négations des esprits pervertis. Mais elle veut qu'on sache se contenter de ce qu'elle vous a donné et être heureux du bonheur qu'on a. Il y en a qui demandent trop à la vie, qui lui demandent plus qu'elle ne peut donner. Il leur semble que tous leurs désirs doivent être comblés et que la fortune injuste leur enlève tout ce qu'elle ne leur accorde pas ; et tous les jours ils fatiguent le ciel de leurs plaintes insatiables.

Vous n'avez pas, Monsieur, ces avidités malheureuses, ni ces prétentions déplacées. Au lieu de demander trop à la vie, il convient à un homme de lui donner beaucoup et même de lui rendre plus qu'il n'en a reçu. Un homme a bien plutôt fait de se saisir de ses facultés, de mettre en œuvre sa pensée, son cœur, sa volonté et de les orienter vers le bien et vers le bonheur, que de tout attendre de la bonté et de la diligence des autres hommes.

Le métier des armes que vous avez choisi me paraît favorable à cette forte entente de l'existence. Je croirais volontiers que le soldat est la classe la plus résistante à la dissolution sociale qui nous envahit. La corvée de chaque jour, les rigueurs de la discipline, la menace du danger et des hasards, l'habitude de l'obéissance et du commandement conservent chez lui les traditions d'ordre et les forces organiques et vitales qui fléchissent partout ailleurs.

C'est peut-être encore le soldat qui jouit le mieux des faveurs de la famille. Quand il revient du dehors, de ces manœuvres militaires, dures et inexorables, où il a fait marcher ses hommes sous une discipline de fer et sans pitié, comme il se détend à rencontrer chez lui un visage riant où il y a une âme, un regard caressant où il y a un cœur, une voix douce, une parole sympathique, où il y a des tendresses.

Il sent alors que sa famille est sa première patrie, son meilleur métier, son église domestique; comme elle a été si bien appelée, *domesticam ecclesiam*. Il dépose un moment ses armes qui brillaient au soleil et il goûte l'ombre heureuse et paisible de son cher foyer. Le brave soldat doit être un bon époux, doit être un bon père.

MONSIEUR, MADEMOISELLE,

Tous les deux, vous appartenez à des familles bénies de Dieu et qui savent ce qu'on vient faire sur la terre, à deux races fortes, qui, au milieu de nos sociétés ébranlées, soutiennent encore la religion, la vertu, l'honneur, la liberté, la justice. Assises fortement sur le sol, elles apprécient les faveurs de la fortune et l'appui qu'elle donne à la vie ; mais aussi elles la mettent à sa juste place, pensant que, si l'argent est un bon serviteur, il est un mauvais maître.

Il y a l'art, à ce qu'il paraît difficile, d'acquérir

la fortune ; il y a l'art, peut-être plus difficile, de la conserver ; mais il y a l'art souverain d'en user et de la faire servir à ses fins naturelles, à ses fins généreuses et surtout à ses fins d'ordre supérieur.

Salomon a dit en effet cette parole : *Donnez toutes vos richesses pour acheter un peu de science et beaucoup de sagesse.*

Vos pères ont écouté le précepte du grand roi de Jérusalem ; ils vous ont acheté pas mal de science et beaucoup de sagesse. Et, en ce moment, ces pères, ces mères, vos frères, vos sœurs, vos parents, tous ceux qui vous aiment, sont là, assemblés autour de vous pour vous assister dans cet acte solennel.

Leur cœur bat bien fort et de joies intimes et peut-être de tristesses mystérieuses ; leur âme s'ouvre toute entière pour faire couler sur vous les sources vives des émotions les plus tendres et les plus profondes. En vos mains ils remettent le dépôt de leur foi et de leur piété, leurs bénédictions saintes, leurs traditions vénérées, leurs espérances infinies.

En les recevant, ces espérances, ces bénédictions et ces vertus, en recueillant tout cet héritage paternel, vous promettez de le porter à votre tour, de le transmettre d'un siècle à l'autre, sans en laisser périr aucune partie.

L'un des spectacles les plus douloureux que je connaisse sur la terre, c'est de voir des familles autrefois grandes, prospères et bénies, dégénérer et descendre misérablement dans le vice et dans la poussière. Il n'en sera pas ainsi de vous. Ces sacrés dépôts, vous les transmettrez à vos enfants intacts et même accrus, augmentés de vos propres mérites et de vos propres vertus. Car, il ne suffit pas de recueillir ce que les autres ont semé; il faut semer à son tour ce que les générations futures récolteront.

Et maintenant, détachez-vous des tiges qui vous ont portés; allez dresser plus avant votre tente et élever une famille nouvelle. Votre destinée vous attend et vous appelle.

Quand on met à la voile, on ne sait pas quelle sera la mer, quels seront les vents et les flots, comment se fera la traversée, à quels rivages on abordera. Vous ne savez pas quelles joies fleuriront sur votre chemin et quelles larmes couleront de vos yeux. Il y a tant d'inconnu, tant d'incertitudes dans ce qui compose une destinée humaine ! Mais, ne craignez pas, ayez courage : ma pensée n'est pas de vous effrayer. Si je vous montre l'image de la douleur qui assaille un jour ou l'autre les humains, ce n'est que de loin et de profil. Si je prononce ici son nom c'est à voix basse, de peur de l'éveiller du léger sommeil dont elle dort.

Mais, encore une fois, ayez courage ; appuyés l'un sur l'autre, marchez ensemble d'un même pas, dans les rudes sentiers de la vie. Marchez dans votre joie, dans votre force et dans votre bonheur. Ne craignez pas, tenez ferme, lors même que le sol tremblerait quelquefois sous vos pieds.

Allez, soyez heureux, soyez fidèles, soyez confiants, soyez bons et vaillants dans la vie, soyez unis à la vie, à la mort.

Allez et souvenez-vous de ce jour, de cet autel, de cette assemblée, de ces émotions qui vous agitent. N'oubliez rien des choses qui se passent ici, de ces promesses, de ces serments, de ce courage, de ce bonheur que vous vous donnez l'un à l'autre. Gardez-les longtemps, toujours et n'en changez jamais.

Ainsi soit-il.

Lyon, 12 mai 1885.

LYON IMPRIMERIE PITRAT AINÉ, 4, RUE GENTIL

www.ingramcontent.com/pod-product-compliance
Ingram Content Group UK Ltd.
Pitfield, Milton Keynes, MK11 3LW, UK
UKHW020410250726
13967UKWH00006B/2568